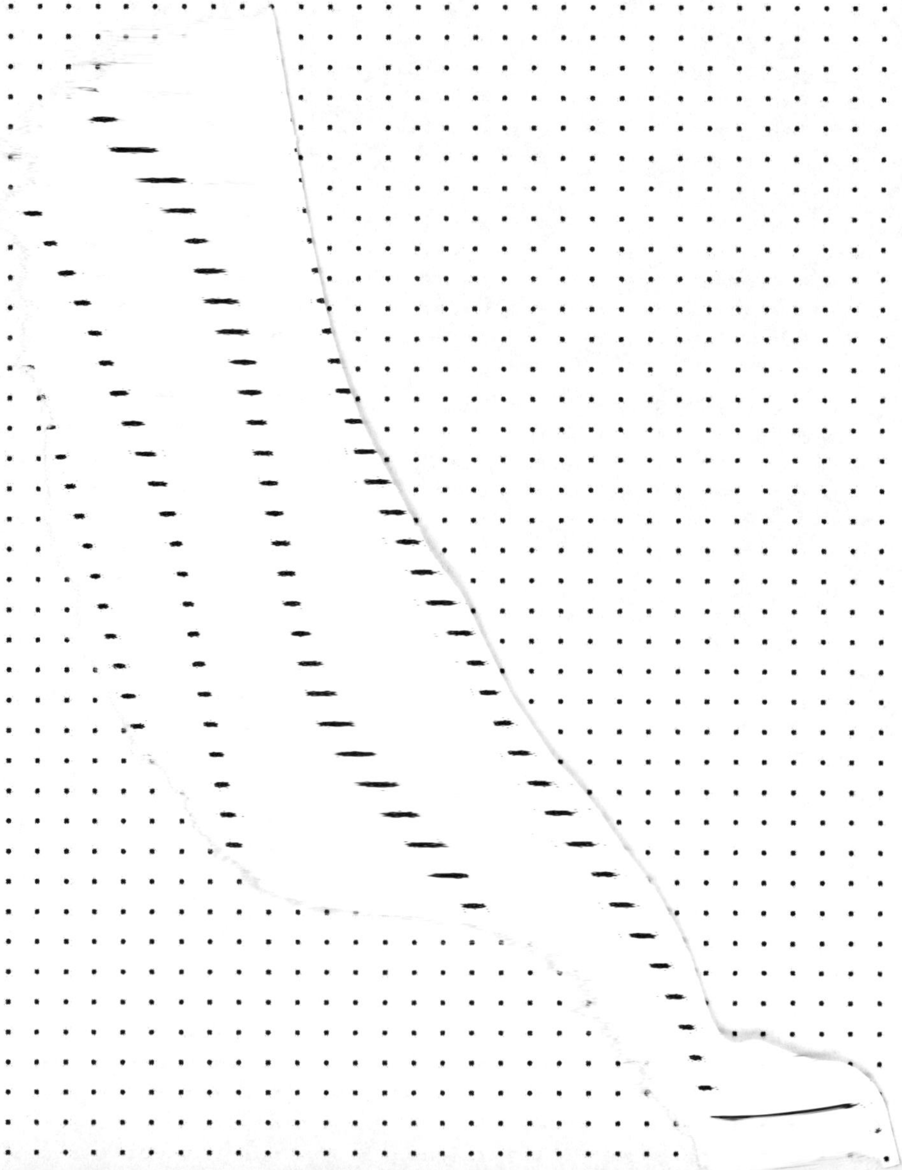

51235279R00075

Made in the USA
Lexington, KY
01 September 2019